Reinhard Abeln

Das Vaterunser für Kinder erklärt

mit Bildern von
Sieger Köder

Verlag Katholisches Bibelwerk

Das Vaterunser

Jesus hat uns das Vaterunser gelehrt. Und das geschah so: Die Jünger Jesu, seine Freunde, hatten immer wieder gesehen, dass Jesus betete. Dabei war er oft auf einen Berg gegangen, um dort mit seinem Vater im Himmel zu sprechen. Wenn er dann wieder zurückkam, merkten die Jünger, dass Jesus immer sehr ruhig und froh war.

Eines Tages sagten die Jünger zu Jesus: „Meister, wir möchten auch so beten können wie du! Sag uns doch, wie wir das machen müssen! Bitte, lehre uns beten!" Daraufhin brachte Jesus den Jüngern das Vaterunser bei. Er sagte zu ihnen:
„Wenn ihr betet, so sagt:

Jesus hat mit seinen Jüngern gegessen und gebetet.

Vater unser im Himmel.
Geheiligt werde dein Name.
Dein Reich komme.
Dein Wille geschehe,
wie im Himmel so auf Erden.
Unser tägliches Brot gib uns heute.
Und vergib uns unsere Schuld,
wie auch wir vergeben unsern Schuldigern.
Und führe uns nicht in Versuchung,
sondern erlöse uns von dem Bösen.
Denn dein ist das Reich
und die Kraft und die Herrlichkeit
in Ewigkeit. Amen."

(Vgl. Lukas 11,1-4; Matthäus 6,9-13)

Das Vaterunser ist das schönste Gebet, das wir Christen kennen. Wir beten es in jeder heiligen Messe mit dem Priester (Diakon) vor der Kommunion. Wenn du es schon gelernt hast, kannst du es mit den Erwachsenen laut mitbeten. Wenn du es noch nicht kannst, bitte deine Eltern (Großeltern, Erzieher), dass sie es dir immer wieder vorbeten.

Vater unser im Himmel

Jesus beginnt das Vaterunser mit der Anrede: „Vater unser im Himmel". Wir denken dabei an den unendlich großen Gott, der uns erschaffen und zu seinen Freunden gemacht hat. Alles, was wir auf unserer schönen Erde sehen, kommt von ihm. In unseren Kirchen finden wir viele Bilder von Gott, auf denen er als Vater dargestellt ist.

Der Vater, von dem Jesus spricht, ist ein guter Vater. Und wie ist ein guter Vater? Die Kinder freuen sich, wenn er abends nach Hause kommt oder am Wochenende Zeit für sie hat. Manchmal bringt er ihnen etwas mit. Manchmal nimmt er gleich an der Tür den kleinen Sohn auf die Schultern und lässt ihn reiten. Seine Tochter schleppt ihm den kaputten Roller entgegen, damit er ihn repariert. Aber zuerst muss er noch der großen Schwester bei den Rechenaufgaben helfen. Und nach dem Abendessen kümmert er sich noch um den größeren Bruder, denn der kann das „Märchen vom Mann im Mond" nicht allein zu Ende lesen.

Ein guter Vater liebt seine Kinder und er liebt sie alle gleich.
Er sorgt für seine Kinder und möchte, dass es ihnen gut geht.
So ist es auch bei Gott. Er sagt zu jedem von uns: „Du bist mein Kind. Ich habe dich lieb. Du brauchst keine Angst zu haben, denn ich bin immer bei dir. Auf mich kannst du dich verlassen."

Unser Vater im Himmel weiß, was wir brauchen, und er will, dass wir froh und glücklich sind. In seinen Händen sind wir geborgen wie ein Vogel im Nest. Mit ihm können wir immer und überall reden. Wir können ihm alles sagen, was uns auf dem Herzen liegt: alles, was uns Spaß macht, und alles, was uns Kummer bereitet.

Wir haben als Kinder ein schönes Reimgebet gelernt:

„Wo ich gehe, wo ich stehe,
bist du, lieber Gott, bei mir.
Wenn ich dich auch niemals sehe,
weiß ich sicher: Du bist hier."

Willst du auch einmal versuchen, so mit Gott zu sprechen?

**Gott sagt: Du bist mein Kind. Ich habe dich lieb.
Auf mich kannst du dich verlassen.**

Geheiligt werde dein Name

Alle Menschen haben einen Namen. Deine Großeltern haben einen Namen, deine Eltern, deine Tante und dein Onkel, deine Geschwister, deine Freunde im Kindergarten oder in der Schule. Und auch du hast einen Namen. Der Name ist etwas ganz Wichtiges für den Menschen. Er macht jeden Einzelnen von uns einmalig auf der Welt.

Auch Gott hat einen Namen. Vor langer Zeit hat Mose den Namen Gottes erfahren. Und das geschah so: Das Volk der Israeliten war in Ägypten in der Gefangenschaft. Dort mussten sie als Sklaven schwere Arbeiten verrichten. Sie bekamen von den Aufsehern Fußtritte und Schläge mit der Peitsche. In ihrer Not beteten die Israeliten zu Gott und baten um Hilfe.

Gott erhörte ihre Klagen. Er wählte Mose, einen Schafhirten, aus, damit er die Israeliten von Ägypten in ein anderes Land führe. Gott erschien Mose in einem brennenden Dornbusch und gab ihm den Auftrag. Da fragte Mose: „Was soll ich denn den Leuten sagen, wenn sie mich fragen, wer du bist und wie du heißt?" Gott antwortete ihm: „Ich bin der, der immer bei euch und für euch da ist."

Gott spricht zu Mose aus dem Feuer und sagt ihm, wie er heißt.

Das also ist der Name Gottes. Gott hat dies die Israeliten auch erfahren lassen. Er begleitete das Volk auf dem ganzen Zug durch die Wüste – von Ägypten bis ins Land Israel. Gott war immer da, wenn das Volk in irgendeiner Weise Not litt. Selbst wenn die Menschen Fehler machten oder gegen Gott schimpften – immer konnten sie zu Gott zurückkommen.

Genauso ist Gott auch zu uns heute. Niemand hat ihn gesehen. Niemand kann beschreiben, wie er aussieht, keiner von uns. Was wir aber wissen, ist, dass Gott immer bei uns und für uns da ist. Er begleitet uns – egal, ob wir froh oder traurig, krank oder gesund, zu Hause oder draußen sind. Deswegen wollen wir seinen Namen heilig und in Ehren halten. Mit Jesus wollen wir beten: „Geheiligt werde dein Name."

Dein Reich komme

Das „Reich Gottes" ist nur ein anderes Wort für den „Himmel". Aber wo ist der Himmel? Himmel ist nicht ein bestimmter Ort, etwa über den Wolken; dort, wo die Flugzeuge fliegen oder – noch höher – wo die Astronauten kreisen. Himmel – und damit das Reich Gottes – ist mitten unter den Menschen.

Gottes Reich ist da, wo Menschen die Liebe, die Gott ihnen entgegenbringt, an andere Menschen weitergeben. Es ist dort, wo wir wie gute Freunde miteinander umgehen; wo wir dem anderen das gönnen, was ihm gehört; wo wir einander achten und lieben. Dabei ist es ganz gleich, wo dies geschieht.

Wir können es auch so sagen: Das Reich Gottes ist dort anzutreffen, wo Gott unter den Menschen wohnt. Gott ist nicht unendlich weit von uns entfernt. Er ist nicht irgendwo im weiten Weltraum anzutreffen. Gott ist in den Herzen der Menschen zu Hause. Er ist überall da, wo Menschen einander Liebe und Freude, Verständnis und Verzeihung schenken.

Ein jüdischer Lehrer, ein Rabbi, wurde einmal von einem Schüler gefragt, wo Gott wohnt. Darauf antwortete der gelehrte Mann: „Gott wohnt dort, wo man ihn einlässt." Das ist eine sehr schöne Antwort. Sie will sagen: Gott ist dort, wo Menschen sich ihm öffnen, ihn suchen und lieben und darauf achten, dass alle Menschen glücklich und zufrieden sind. Wo dies geschieht, da ist der Himmel, da ist das Reich Gottes.

Einmal wird das Reich Gottes ganz unter uns sein. Da wird Gott unter den Menschen wohnen und alle werden bei ihm für immer glücklich sein. Alle werden vereint sein in der Liebe Gottes. Jesus hat uns das versprochen. Und wir wissen: Jesus hält, was er uns verspricht!

Wo wir wie Freunde miteinander umgehen, da spüren wir die Nähe Gottes.

Dein Wille geschehe, wie im Himmel so auf Erden

Gott will, dass es den Menschen gut geht, dass sie einander verstehen und miteinander in Frieden leben, dass keiner dem anderen Leid zufügt. Aber viele Menschen kümmern sich nicht darum. Menschen gehen mit Panzern und Waffen aufeinander los, Flugzeuge werfen Bomben ab und zerstören Städte und Dörfer.

Immer wieder stellen wir fest, dass die Menschen nicht in Frieden miteinander leben können. Gottes Wille ist es aber, dass sie nicht den Streit, sondern den Frieden suchen. Oft versprechen sich die Menschen von ihrem bösen Tun Vorteile. Sie wollen mehr Macht, mehr Land oder mehr Reichtum. Darum fangen sie Kriege an und fügen anderen Menschen schlimmes Leid zu.

Jeden Tag müssen Menschen sterben, weil sie sich nicht miteinander vertragen können. Im Fernsehen sehen wir jeden Tag, wie schlimm Menschen miteinander umgehen. Da werden Busse und Leute in die Luft gesprengt, Häuser zerstört, Kinder getötet ... Es ist furchtbar, was täglich geschieht.

Gott wurde Mensch, um der Welt den Frieden zu bringen.

Gott will das nicht. Er hat den Menschen die Kraft zur Liebe gegeben. Er hat ihnen durch Jesus gesagt, dass sie gut miteinander umgehen sollen. Gott will sie aber nicht dazu zwingen. Er hat ihnen Verstand und Freiheit gegeben. Leider missbrauchen diese Freiheit viele Menschen, um sich gegenseitig Unheil zuzufügen. Ihnen ist es völlig gleichgültig, ob sie den Willen Gottes tun oder nicht. Wenn sie nur ihren Vorteil haben!

Wir wünschen uns, dass alle Menschen auf der Welt gut zueinander sind und in Frieden miteinander leben können. Wo dies geschieht, geschieht der Wille Gottes. Mit Jesus beten wir: „Vater im Himmel, lass alle Menschen tun, was du willst! Lass alle froh und glücklich sein!"

Unser tägliches Brot gib uns heute

Alles, was wir essen und trinken, verdanken wir Gott. Er sorgt dafür, dass wir jeden Tag an einem gedeckten Tisch sitzen können. Jede Mahlzeit ist sein Geschenk. Er hilft den Menschen, dass sie füreinander sorgen. Wir bitten Gott, dass wir jeden Tag genug zu essen und zu trinken haben, indem wir beten: „Unser tägliches Brot gib uns heute."

Wir brauchen zum Leben aber noch mehr als nur Essen und Trinken. Auch darum dürfen wir Gott bitten. Wir brauchen gute Eltern und Großeltern, ein weiches Bett zum Schlafen, liebe Freunde im Kindergarten und in der Schule, schöne Sachen zum Spielen und Bücher zum Lernen und Lesen. Auch das ist tägliches Brot.

Wir wollen Gott auch bitten für die vielen Menschen, die jeden Tag hungern müssen. Sie leben in Ländern, die arm sind und in denen die Menschen oft in Kriege verwickelt sind. Es ist schlimm, wenn Erwachsene und Kinder nicht wissen, ob sie jeden Tag genug zu essen und zu trinken haben.

Ein Kind hat einmal so mit Gott gesprochen: „Lieber Gott, wir können uns jeden Tag satt essen. Du sorgst so gut für uns. Bitte, sorge auch für die Menschen, die nicht genug zu essen haben! Lass sie erfahren, dass du die Armen liebst! Stille ihren Hunger und gib ihnen ihr tägliches Essen!"

Vielleicht überlegst du einmal mit deinen Eltern, was du sonst noch für die hungernden Menschen in der Welt tun kannst. Die kirchlichen Hilfswerke – zum Beispiel Misereor oder Brot für die Welt – rufen immer wieder dazu auf, für die Menschen, die hungern müssen, etwas Geld zu spenden. Gott will, dass wir Menschen in den reichen Ländern mit denen in den armen Ländern teilen.

Wir haben jeden Tag zu essen und zu trinken.

Und vergib uns unsere Schuld

Alle Menschen machen Fehler, große und kleine. Wir sagen etwas, was nicht wahr ist. Wir tun jemandem absichtlich weh oder nehmen ihm etwas weg, was allein ihm gehört. Wir sind uneinsichtig und schlagen die Türe zu. Wir streiten mit Eltern, Geschwistern, Kameraden und Freunden, ohne uns wieder mit ihnen zu versöhnen. Wir sind neidisch, obwohl wir es nicht nötig hätten. Wir laden Schuld auf uns.

Kein Mensch ist vollkommen, kein Erwachsener und kein Kind. Wichtig ist nur, dass wir, wenn wir etwas falsch gemacht haben, umkehren. Das heißt: Wir müssen den Mut haben, unsere Fehler zuzugeben. Wir müssen Gott und den Menschen sagen, dass es uns Leid tut, was wir getan haben. Wenn wir das tun, dann verzeiht uns Gott. Denn keiner liebt uns so wie er.

Der „verlorene" Sohn in der Bibel (Lk 15,11-24) hat seinen Vater um Verzeihung gebeten. Vielleicht kennst du diese Geschichte, die Jesus seinen Jüngern erzählt hat. Als der Sohn das Geld, das ihm der Vater

Der barmherzige Vater nimmt den zurückgekehrten Sohn in die Arme.

gegeben hatte, draußen in der Welt mit Freunden verjubelt hatte, kehrte er reumütig in sein Elternhaus zurück. Er sagte zu seinem Vater: „Vater, ich habe viel Böses getan. Ich bin nicht wert, dass du Sohn zu mir sagst."

Der Vater umarmte seinen Sohn und verzieh ihm alles, was er getan hatte. Er rief seine Diener zusammen. Sie mussten dem Sohn frische Kleider bringen und ihm einen Ring an den Finger stecken. Dann wurde ein Kalb geschlachtet. Und der Vater sagte: „Mein Sohn war verloren, jetzt aber habe ich ihn wiedergefunden." Dann feierten sie miteinander ein großes Freudenfest.

Wie der gütige Vater, so ist auch Gott. Du kannst ihm alles sagen, was nicht gut gewesen ist. Vielleicht hattest du Streit mit deinem Freund. Er hat dich nur ein bisschen geärgert und du hast ihm eine Ohrfeige gegeben. Du kannst Gott und deinem Freund sagen, dass es dir Leid tut, und Gott bitten: „Vergib mir diese Schuld!" Gott verzeiht dir. Seine Liebe ist unendlich groß.

Wie auch wir vergeben unsern Schuldigern

Das hast du sicher auch schon so ähnlich erlebt: Du hast dich beim Spielen über deinen Freund geärgert: „Du Esel! Du bist ja blöd!" Und vor lauter Zorn hast du alles kaputtgemacht, was ihr beide vorher miteinander aufgebaut hattet. Dann bist du fortgelaufen – mit einer furchtbaren Wut im Bauch. Aber schon am Abend tat es dir Leid: „Ich hätte mich nicht so benehmen dürfen. Wie kann ich es nur machen, dass alles wieder gut wird?"

Am nächsten Morgen bist du dann etwas schüchtern und unsicher auf deinen Freund zugegangen, hast ihm die Hand entgegengestreckt und gefragt: „Bist du noch böse auf mich? Es tut mir Leid." Da hat dein Freund deine Hand genommen und gesagt: „Schon gut. Ich bin dir nicht mehr böse. Spielen wir heute Nachmittag wieder?" Da ist dir ein gewaltiger Stein vom Herzen gefallen. Dein Freund hat dir verziehen. Alles war wieder gut.

Irgendwo stand das schöne Gedicht von den beiden Knaben Tick und Tack:
„Tick und Tack, die beiden Knaben,
hatten einen großen Streit,
schlugen sich die Nasen blutig,
jetzt sind sie total entzweit.

Tick und Tack, die beiden Knaben,
sitzen jetzt allein zu Haus.
Tick hat große Langeweile.
Tack hält's ohne Tick nicht aus.

Tick und Tack, die beiden Knaben,
sehen ihre Schuld bald ein.
Sie versöhnen sich und sagen:
‚Wir woll'n wieder Tick-Tack sein.'"

Gott will, dass wir einander verzeihen, dass wir zueinander gut sind. Wenn dich dein bester Freund (deine beste Freundin) beleidigt hat oder wenn dein Bruder (deine Schwester) dich geärgert hat, dann kannst du ihm (ihr) böse sein, ihn (sie) nicht mehr anschauen oder nicht mehr mit ihm (ihr) spielen. Viel besser aber ist, wenn du ihm (ihr) wieder verzeihst.

Wenn wir daran denken, dass Gott uns immer verzeiht, dann fällt es uns auch leichter, anderen zu verzeihen. Es ist schön, wenn einer dem anderen für etwas, was nicht gut gewesen ist, sagt: „Ich bin dir nicht mehr böse." So hat auch Josef seinen Brüdern, die ihn nach Ägypten verkauft hatten, wieder verziehen (Gen 37–50). Er wusste: Wenn wir einander lieb haben, hat auch Gott uns lieb.

Josef verzeiht seinen Brüdern.

Und führe uns nicht in Versuchung

Das ist eine wichtige Bitte im Vaterunser. Manchmal fällt es uns sehr schwer, gut zu sein. Dafür gibt es viele Beispiele: Wir treten absichtlich kleine Tiere tot, die uns über den Weg laufen, etwa Käfer, Schnecken oder Spinnen. Wir spielen lieber, obwohl sich die Oma im Krankenhaus über einen Besuch sehr freuen würde. Wir werfen anderen Steine nach, weil sie uns geärgert haben.

Immer wieder tun wir etwas, was nicht gut ist. Wir tun es, obwohl wir davon nicht überzeugt sind. Wir tun es wider besseres Wissen. Es fehlt uns manchmal einfach der Mut, das Richtige, das Gute zu tun. Wir fürchten, Nachteile zu haben, nicht gut dazustehen. Die Versuchung, besser wegzukommen, ist so groß, dass wir ihr nicht widerstehen können.

So war es auch bei Simon Petrus, von dem die Bibel (Mt 26,69-75) erzählt. Nachdem man Jesus gefangengenommen und in den Palast des Hohenpriesters geführt hatte, wartete Petrus im Hof. Da kam eine Magd auf ihn zu und sagte: „Auch du warst bei Jesus, dem Mann von Galiläa!" Petrus bekam Angst und antwortete ihr: „Ich weiß nicht, was du meinst." Und er stand auf und wollte den Hof verlassen.

Petrus leugnet drei Mal, Jesus zu kennen.

Da kam ihm schon wieder eine Magd entgegen. Sie sagte zu den Leuten, die herumstanden: „Der dort war auch bei Jesus von Nazaret." Jetzt erhob Petrus sogar seine Hand und schwor: „Ich kenne diesen Menschen nicht!" Nun kamen noch mehr Leute auf ihn zu und sagten: „Natürlich gehörst du zu diesem Jesus. Du hast ja dieselbe Sprache wie er. Wir reden hier anders."

Darauf begann Petrus wütend zu fluchen und zu schwören: „Nein, ich kenne diesen Menschen nicht!" Jetzt krähte ein Hahn. Da erinnerte sich Petrus daran, was Jesus am Ölberg zu ihm gesagt hatte: „Ehe ein Hahn kräht, wirst du mich drei Mal verleugnen." Und Petrus wurde furchtbar traurig. Er ging schnell weg und weinte bitterlich. Was er getan hatte, tat ihm sehr Leid.

Sondern erlöse uns von dem Bösen

Menschen tun immer wieder etwas Böses. Selbst wenn sie sich vorgenommen haben, gut zu sein, gelingt das oft nicht. Zum Beispiel nehmen wir uns immer wieder vor, nicht schlecht über andere zu reden, und doch gehen uns böse Wörter leicht von den Lippen, wenn wir dadurch gut bei unseren Freunden und Freundinnen ankommen.

Auch Erwachsene können böse sein. Zum Beispiel lesen wir immer wieder in der Zeitung, dass hilflose, alte Menschen niedergeschlagen und beraubt werden. So böse können Menschen sein! Darum bitten wir Gott im Vaterunser: „Mach uns frei von allem Bösen! Hilf uns, das Gute zu tun!"

Die Bibel erzählt uns von einem Mann, dem Jesus geholfen hat, wieder gut zu werden (Lk 19,1-9). Der Mann hieß Zachäus. Er lebte in Jericho und war ein Steuereinnehmer. Aber er war nicht ehrlich. Er verlangte von den Leuten zuviel Geld und behielt es für sich selber. Die Menschen in Jericho kannten ihn alle, aber keiner mochte ihn.

Eines Tages kam Jesus mit seinen Jüngern in die Stadt. Weil Zachäus sehr klein war, kletterte er auf einen hohen Baum, um Jesus sehen zu können. Jesus schaute im Vorbeigehen zu Zachäus hinauf und sagte zu ihm: „Steig schnell vom Baum herunter! Ich will dich in deinem Haus besuchen!" Die Leute, die am Straßenrand standen, ärgerten sich darüber und murrten: „Bei einem Sünder kehrt er ein!"

Zachäus freute sich über den Besuch und sagte zu Jesus: „Herr, ich weiß, dass ich kein guter Mensch bin. Aber ich will mich ab heute bessern. Die Hälfte von allem, was ich habe, will ich den Armen geben. Und wenn ich jemanden betrogen habe, will ich es ihm vierfach zurückgeben!" Jesus sah Zachäus freundlich an und antwortete: „Das Heil Gottes ist heute in dein Haus gekommen!"

Zachäus verspricht Jesus, dass er sich bessern will.

Denn dein ist das Reich und die Kraft und die Herrlichkeit in Ewigkeit. Amen.

Gott hat eine wunderbare Welt geschaffen. Alles, was wir mit unseren Augen sehen können, hat er gemacht: die grünen Bäume, die bunten Wiesen, die vielen Blumen im Garten, die Luft, die wir atmen, die Wolken am Himmel, den Mond, die leuchtenden Sterne, das große Meer.

So hat Gott auch die herrliche Sonne geschaffen. Wir freuen uns, wenn die Sonne scheint. Der Tag wird gleich anders, wenn wir morgens wach werden und die Sonne scheint in unser Schlafzimmer. Wenn die Sonne scheint, ist es warm und hell. Wir können draußen spielen oder ins Schwimmbad gehen. Die Sonne macht uns Menschen fröhlich.

Alles auf der Welt kommt von Gott. Er lässt das Korn wachsen, damit wir Brot bekommen. Er gibt uns den Regen, damit Pflanzen und Blumen nicht verdursten. Er schenkt uns die Tiere: die Tiere im Wald und die Tiere bei uns zu Hause, die Vögel, die so laut in den Bäumen zwitschern, die vielen bunten Schmetterlinge, die im Garten von Blüte zu Blüte fliegen.

Gott hat Himmel und Erde erschaffen.

Gott hat auch uns Menschen erschaffen. Alle verdanken ihm ihr Leben: deine Großeltern, deine Eltern, deine Geschwister und auch du. Gott will, dass wir uns lieb haben und gut zueinander sind. Er will, dass wir froh und glücklich auf dieser Welt leben. Dafür wollen wir ihm danken und ihn loben. Denn keiner ist so groß und so gut zu uns wie Gott.

Vielleicht möchtest du einmal so mit Gott sprechen:
„Großer und allmächtiger Gott!
Es ist schön auf deiner Welt.
Ich danke dir, dass du sie gemacht hast.
Besonders danke ich dir für alles Schöne,
das mir Freude macht,
für Blumen, Tiere und Menschen.
Vielen Dank auch für mich selbst!
Du bist ein guter Gott.
Du hast uns alle lieb.
Ich will dein Freund sein."

Liebe Eltern und Großeltern, liebe Erzieherinnen und Erzieher!

Überall auf der Welt wird das Vaterunser – das schönste Gebet von Jesus – gebetet. Alle Christen auf der ganzen Welt beten es in ihrer Sprache – die Christen in Afrika, in Indien, in Australien, in Griechenland, in der Sowjetunion, in Polen und in Deutschland.

Es ist schön, wenn Sie als Eltern, Großeltern und ErzieherInnen mit Ihren Kindern (Enkeln) von klein auf das Vaterunser (oder einzelne Teile daraus) beten. Die Kinder erfahren auf diese Weise, wie Gott sich um jeden einzelnen Menschen kümmert. Sie lernen, wie Gott als guter Vater immer für seine Kinder sorgt.

Dieses Buch beschreibt Jungen und Mädchen von 4 bis 9 Jahren das Vaterunser und erklärt ihnen die einzelnen Bitten dieses Gebetes. So lernen Kinder verstehen, was sie beten. Die Ausführungen gehen vom alltäglichen Erleben und Empfinden der Kinder aus und werden durch farbenfrohe Bilder des bekannten schwäbischen Malerpfarrers Sieger Köder veranschaulicht.

Ihre Kinder (Enkel) und Sie werden viel Freude an diesem Buch haben, wenn sie miteinander darin lesen, die Bilder in Ruhe betrachten und gemeinsam über alles sprechen. Die älteren Kinder können selber in dem Buch lesen. Mein Wunsch ist, dass die Worte des Vaterunsers den Weg in das Herz Ihrer Kinder (Enkel) – und vielleicht auch wieder neu – in Ihr Herz finden.

Reinhard Abeln

Inhalt

Das Vaterunser 2
Vater unser im Himmel 5
Geheiligt werde dein Name 8
Dein Reich komme 11
Dein Wille geschehe, wie im Himmel so auf Erden 14
Unser tägliches Brot gib uns heute 17
Und vergib uns unsere Schuld 20
Wie auch wir vergeben unsern Schuldigern 23
Und führe uns nicht in Versuchung 26
Sondern erlöse uns von dem Bösen 29
Denn dein ist das Reich und die Kraft
und die Herrlichkeit in Ewigkeit. Amen. 32
Nachwort 35
Bibelstellen 38

Der Autor

Reinhard Abeln, Dr. phil., Jahrgang 1938, Redakteur i. R., Referent in der Erwachsenenbildung, Verfasser zahlreicher Schriften über Lebens-, Ehe- und Erziehungsfragen, Autor religiöser Kinderbücher.

Der Illustrator

Sieger Köder, geboren 1925 in Wasseralfingen, erst Kunstlehrer an einem Gymnasium, dann Pfarrer, Maler zahlreicher Bilder zu biblischen Texten, viele Glasfenster, Altarbilder und Kreuzwege für Kirchen.

Bildrechte
Für alle Bilder einschließlich Coverbild: ©Sieger Köder, Ellwangen

Bildnachweis
Foto Baur, Aalen: 9
Schwabenverlag AG, Ostfildern: 3, 7, 13, 15, 19, 21, 25, 27, 31, 33

Bildtitel mit Bibelstellenangabe
Cover   Ihre Kinder wird man auf den Knien schaukeln (Ausschnitt)
- 3 Abendmahl (Lukas 22,14-23; Mt 26,17-19.26-28)
- 7 In Gottes Händen (Lukas 18,15-17)
- 9 Der brennende Dornbusch (Exodus/2 Mose 3,1 – 4,17)
- 13 Ihr habt mir zu essen gegeben (Matthäus 25,31-46)
- 15 Geburt Jesu/Rosenberger Altar (Ausschnitt) (Lukas 2,1-20)
- 19 Du deckst mir den Tisch (Ausschnitt) (Psalm 23)
- 21 Der verlorene Sohn (Lukas 15,11-32)
- 25 Ich bin Josef, euer Bruder (Ausschnitt) (Genesis/1 Mose 45,1-4)
- 27 Der Hahn des Petrus (Ausschnitt) (Matthäus 26,69-75)
- 31 Zachäus (Lukas 19,1-9)
- 33 Schöpfung (Genesis/1 Mose 1,1 – 3,24)

Kannst du mich hören, lieber Gott?

Reinhard Abeln
Dein Freund will ich sein
Kindergebete zu Bildern
von Sieger Köder

Format 17,5 x 17,5 cm;
48 Seiten; durchgehend vier-
farbig illustriert; gebunden
ISBN 3-460-28027-1

Dieses Bildergebetbuch möchte Kindern ab 4 Jahren zeigen, dass sie mit Gott so sprechen können, wie sie auch sonst im Alltag reden. Am Morgen, während des Tages, bei Tisch, am Abend – all die großen und kleinen Erlebnisse, die Kinder bewegen, können sie Gott „erzählen". Ausdrucksstarke Bilder des schwäbischen Malerpfarrers Sieger Köder vertiefen die sprachlich einfach gehaltenen Gebetstexte.

Verlag Katholisches Bibelwerk
Silberburgstraße 121
70176 Stuttgart
www.bibelwerk.de

www.bibelwerk.de

ISBN 3-460-28051-4
Alle Rechte vorbehalten
© 2004 Verlag Katholisches Bibelwerk GmbH, Stuttgart

Gestaltung: Neil McBeath, Stuttgart
Druck und Bindung: Ludwig Auer GmbH, Donauworth